MARIPOSAS DE SEDA

MARIPOSAS DE SEDA

Almudena María Puebla

MAHALTA
EDICIONES

COLECCIÓN
ADIVINOS

© Almudena María Puebla

© Prólogo: Jesús Durán López
© Fotografía de solapa: Víctor Hijosa

© Añil desarrollo gráfico, S. L.
Mahalta ediciones es un sello editorial de Añil desarrollo gráfico, S. L.
www.anil.es
www.mahalta.es

Primera edición: noviembre 2024

ISBN: 978-84-128976-6-1
Depósito Legal: CR 1015-2024

Impreso en España
Diseño y maquetación: Mahalta Ediciones.
Impresión: Safekat, S. L.

PRÓLOGO

Cuando un libro nuevo llega a tus manos, acaricias el lomo y las cubiertas con suavidad y goce, lo abres y percibes ese olor típico que tienen estos libros, pasas tus dedos por el filo de las hojas y al separarlas oyes ese sutil ruido que rasga el papel. Tus ojos se quedan fijos en las primeras palabras, como si estuvieras hipnotizado, y empiezas a visualizar con la imaginación todo un sinfín de sensaciones que inundan tus sentidos, inmensamente agradables, que te transportan a un mundo de hermosos paisajes y de ensoñaciones placenteras que deseas.

Y esto es lo que vas a encontrar, amigo lector, en este poemario de Almudena María Puebla, todo un mundo mágico acicalado de sencillez y belleza. Sencillez, aunque también profundidad, porque en las cosas pequeñas está lo auténtico, y belleza porque el alma de Almudena es bella. Como bella es la mariposa y su vuelo y como sencilla y delicada es la seda del gusano.

Mariposas de seda no podía tener un título más apropiado.

En este libro Almudena nos muestra su alma y refleja sus vivencias y sentimientos como se debe hacer en la poesía; los versos son su carne y su sangre, sin miedo a exponer cicatrices, con atrevimiento.

Sus poemas son propios de un corazón libre y valiente, pero a la vez son dulces, cálidos y llenos de esperanza y amor puro a la naturaleza.

El poemario es un canto a la vida, a la felicidad y a la tierra y sus frutos, donde la autora va dejando su impronta e imprimiendo toda su subjetividad personal. Almudena va manejando los diferentes colores de su paleta con maestría y nos ofrece un cuadro perfectamente armónico arrebatado de cromatismos; todos y cada uno de sus versos se derraman como el agua límpida que baja de la montaña y se va repartiendo por el suelo para regarlo.

Ya desde el principio los poemas nos conducen por la senda de la búsqueda interior de la autora en los recuerdos de la niña que lleva dentro, en sus raíces, en el amor y en la propia existencia.

Busco... / Esa huella de mis ancestros / [...] / Esa sonrisa de niña inocente / [...] / Busco ese abrazo infinito / [...] / Busco... regresar a mí misma

Y lo hace con la más absoluta sinceridad, en un precioso ejercicio para encontrar su verdadera identidad. Y cuando se siente perdida, sin rumbo, reclama la luz del silencio, con determinación, hasta encontrarse para alcanzar sus sueños.

Cuando el cielo presagia tormenta, / me dejo llevar a la orilla. / Allí desnudo mis pasos / y siento el calor de la tierra.

El Amor aparece constante e imperecedero, con la presencia inagotable del ser amado, invocado en la complacencia, en el arrobo y también en la nostalgia y el reproche, porque el amor es perenne, pero tornadizo en ocasiones. Mas siempre con el corazón abierto

Búscame en los sueños que te habitan, / en las sombras que te afligen, / en las tormentas que te azotan / [...] / ..., allí te esperaré /

Y de igual modo insistente y perpetua la Naturaleza, siempre de fondo, que se muestra con esplendor, brotando con arrogancia, porque la poesía es imposible sin el paisaje.

Este verano... / me trae recuerdos... / [...] / del olor de la tierra mojada por las mañanas, / del perfume de la hierbabuena y la albahaca / de las macetas de mi vieja casa, / de la monótona canción del grillo / cerca de la ventana... /

Geografía y autora se funden en los recuerdos y en las huellas del paso del tiempo; son los lugares sentidos y vividos, que han quedado inyectados en la memoria de Almudena y que ofrece ahora en una poética vital y hermosa.

Os invito a disfrutar con estos versos, con este sublime canto y con estas ganas de vivir de Almudena María Puebla.

Enhorabuena Almudena.

JESÚS DURÁN LÓPEZ

1

Busco esa luz que ilumine
mis paisajes internos.
Esa huella de mis ancestros
que llevo impresa en mis venas.
Esa sonrisa de niña inocente
que un día perdí.
Busco ese abrazo infinito
y sincero que recomponga
cada rincón de mi cuerpo maltrecho.
Busco... regresar a mí misma
después de perderme entre el silencio.

2

Eres la primavera en mi menor.
La suave brisa del verano.
La luz rojiza del otoño.
El brazo desnudo del invierno.
Eres mi estación preferida.

3

La vida es un suspiro
de voces remotas.
La vida es un aliento
que llega de lo eterno.
La vida es un segundo
en el reloj del tiempo.

4

De mi infancia a veces
brotan recuerdos
de un jardín estival
y un banco de madera.
Entre la luz y las sombras
de ecos de voces marchitas,
del arrullo de las tórtolas
y de una paz interior sostenida.

5

Todos tenemos raíces
que nos sujetan a la tierra,
al tiempo dormido de invierno
que aún no ha florecido.
Todos tenemos sueños
con semillas escondidas.
Sueños de cielos azules
y de caracolas de nácar
que nos llevan a la orilla.

6

Quiero cultivar tus besos
en rojos campos de amapolas.
Tejer tu mirada con hilos de seda.
Entrelazar tus cabellos
con gotas de lluvia fresca.
Soñarte en noches de invierno
y, en verano envolverme
con la luz de tus recuerdos.
Quiero vivir en ti, sentirte,
revivir cada mañana
sabiendo que el amor
me espera entre tus sueños.

7

Se marchitó el azul de tus ojos
de príncipe encantado.
Tu vida ahora es tan solo
puro pragmatismo sin color.
Te olvidaste de sonreír,
de estrechar al sol entre tus dedos.
Te olvidaste de surcar
colinas y fracasos.
Te olvidaste de que un día...
fui parte de tu pasado.

8

Hoy han vuelto de nuevo
a tocar mi oído las notas musicales
que solíamos escuchar
en las noches frías de diciembre.
Y sin quererlo ni evitarlo,
una lágrima ha surcado mi mejilla
cuando has pronunciado mi nombre.

9

Tengo en mi mente anclada
el perfil de tu silueta,
las palabras nunca dichas
y el perfume de tu ausencia.

10

Más allá de todo lo que ves,
existe otro mundo más profundo
al que llegan solo aquellos
que abren su alma al infinito.

11

Hay que vivir con un halo de ilusión
en el camino, con una mirada de luz
en cada pensamiento, con una sonrisa
en cada amanecer y con alguien a quien
amar a pesar de las distancias
que habiten en nuestra alma.

12

Búscame en los sueños que te habitan,
en las sombras que te afligen,
en las tormentas que te azotan,
en las madrugadas de invierno.
Búscame dentro de ti, allí te esperaré
cuando llegue la luz del día.

13

Me crucé con tu mirada
en medio de una multitud sin nombre.
Su luz traspasó los umbrales
de mi memoria perdida.
Me crucé con tu mirada
y he vuelto de nuevo a la vida.

14

Eres experto, experto en fingir
que no me amas.
Experto en no confesar tu verdad.
En vivir una vida carente de emociones.
Eres experto en desviar tu mirada
de la mía.
Eres un alma errante vagando
por un mundo de mentiras.

15

Mujeres, poetas, ellas
que despliegan su alas con fuerza
para abrazar todo un universo
de flores y de poemas.
Ellas, poetas, mujeres
que sueñan con un futuro de acordes
entre abrazos y promesas.

16

La mirada del poeta
busca belleza en las cosas,
teje poemas de amor
entre el iris de sus ojos
y navega rodeada
de margaritas y lotos.

17

Estaré en tus sueños
con la voz dormida
de mis poemas
y con los lirios etéreos
que adornan los campos yertos.

18

Aunque la primavera
aún no ha llegado,
he plantado versos
en el escalón de mi casa.
Después de una semana,
han florecido pétalos
de poesía viva.

19

A veces te invade la tristeza.
Esa que surge cuando caminas
absorto entre la multitud distante.
Tu mirada se clava en el horizonte
oculto tras los cristales del tiempo.
Y de nuevo vuelves a ti mismo
pero no te reconoces.
Las marcas del olvido
han dibujado en tu rostro
un camino intrincado
y sin retorno.

20

Quiero enjuagar mis lágrimas
pero me da vergüenza.
Vergüenza de que tú me veas
despojada de los adornos
que cubren mi piel
marcada por los vaivenes del olvido
y la desolación más profunda.

21

Mi vida se compone
de pequeños retazos de luz,
de pequeñas batallas ganadas,
de pequeños sueños vividos.

22

Cuando llegue hasta ti,
cuando comparta tus besos,
cuando miremos juntos
el mismo universo.
Entonces, y solo entonces,
descubriré el secreto oculto
que escondes en tus sueños.

23

Llega la primavera
cargada de esencias y colores,
de paisajes de amapolas
entre el verde trigo de las eras.
Es allí donde me encuentro a mí misma
y dormitan mis sueños de eternidad.

24

Es de noche. Solo hay silencio,
silencio que calma mis miedos,
mis frágiles manos que escriben versos,
mis frágiles ojos que no tienen sueño.
Es de noche y solo hay silencio...
Silencio y una lágrima perdida
que toca el suelo.

25

Te seguiré soñando
en este mundo de sombras que me habita,
porque eres mi luz entre la noche,
el arcoíris que me guía.
Sí, te seguiré soñando
para no morir de melancolía.

26

Y llegó la primavera
mis ojos se llenaron de soles.
En mis manos, cansadas,
brotaron mariposas.
Y mis sueños... ¡ay mis sueños!,
alcanzaron la playa soñada
cubierta de dunas y gaviotas.

27

Te habitan mis recuerdos
cada vez que respiras mi perfume,
cada vez que miras mi fotografía.
Te habitan mis recuerdos
cuando escuchas mi voz recitando
una poesía y, es entonces, cuando
de nuevo te encuentras a ti mismo.

28

Sigo caminando
por la senda que marcan mis pasos,
por la línea agreste
que dibuja mi vida.
Sigo caminando
buscando la luz interna
cuando me encuentro
desorienta y perdida.

29

Cuando las olas golpean mi barca,
cuando el viento desdibuja mi sonrisa,
cuando el cielo presagia tormenta,
me dejo llevar a la orilla.
Allí desnudo mis pasos
y siento el calor de la tierra.
Entonces me doy cuenta
de que aún estoy viva.

30

No puedo recuperar el pasado.
Solo los recuerdos ya vividos,
las imágenes que adornaron mi infancia
y las voces que se perdieron por el camino.
No puedo recuperar el pasado,
pero sí recorrer los paisajes internos
que han formado mi vida.

31

Amor.
Adorable palabra que suscita
miles de sentimientos.
Oración de un canto interno
que recorre todos los espíritus
del universo.

32

Abrazo el olvido desnudo
que despliegan mis pensamientos
perdidos entre las lunas
que arropan mis anhelos.

33

Cuanto más amor repartes,
más grande es el placer que se siente.
Dar amor y regalar sonrisas
son señales de un ser
que se siente en paz consigo mismo.

34

Todos tenemos
nuestras historias íntimas.
Aquellas que contamos,
aquellas que omitimos,
aquellas que soñamos,
aquellas que dejaron cicatrices.
Todos somos parte
del gran libro de la vida
cuyo final nunca alcanzaremos.

35

Hoy no me reconozco
por mucho que mi imagen
se refleje en el espejo.
Esa no soy yo, solo un cuerpo
que me aleja de mí misma.
Dentro, muy dentro de mí
me espera aquella niña
que siempre he sido
sin contar los vaivenes de la vida.

36

Hoy es el aniversario
de todo lo que he perdido.
El cielo azul y la sonrisa
de una niña desconocida.

37

Está escrito en el aire
que percibes mi presencia,
que escuchas mi corazón latir
a pesar de la distancia
que ahora nos aleja.

38

Se han rotos mis ilusiones,
se han hecho pedazos mis anhelos.
Se han perdido en el limbo del olvido
y ando divagando por espacios
que mis pasos no distinguen
porque tú no estás conmigo.

39

Te he buscado siempre
en todos mis silencios,
en todos mis recuerdos.
Siempre ha habitado en mí
el perfil de tu silueta.

40

Cuando tus labios besan mis labios,
cuando tus manos rozan mi cuerpo,
cuando me dices en voz baja que me quieres,
vuelve de nuevo a brillar
la luz que arropa el universo.

41

Te extraño al anochecer
cuando el silencio se instala
en mis recuerdos.
Te extraño cuando el viento
juega entre los bucles
de mis cabellos.
Te extraño cuando el sol
proyecta su sombra
y no te veo.
Te extraño siempre.
Aunque a veces
no encuentre el camino
de regreso.

42

En los rincones más ignotos
de tu alma
habita esa luz que ilumina
tus pasos.
Esa luz que apacigua
tus lágrimas.
Esa luz que pone brillo
en tus labios.
En los rincones más ignotos
de tu alma
emana ese halo de vida
que cubre tus pasos descalzos.

43

Todos estamos sujetos
al gran libro de la vida.
Libro que nosotros escribimos
pero que otros dictan
en renglones lejanos
y efímeros.

44

En el cielo azul
que vive en tu mirada,
habita una estrella errante
que anuncia la madrugada.

45

A frutas rojas del bosque
me saben tus besos.
Tus labios exhalan un extraño elixir
que me tiene presa.

46

Sobre mis manos
se ha posado una mariposa
y las ha cubierto de guirnaldas
de flores moradas y rosas.

47

A rosas y jazmín me huele tu cara
cuando te acercas a mí
y me estrechas entre tus brazos.

48

¿Me escuchas?
Hoy te canto mis versos
en la distancia.
El eco me ha prometido
llevar mis palabras
hasta tu estancia.

49

Te sueño en las noches de verano
cuando las estrellas me miran de lejos
y oigo el bullicio de los chiquillos
jugando en la calle contentos,
ajenos a la tristeza que
me deja tu pensamiento.

50

En tus manos, la lluvia
se convierte en gotas de rocío
que refrescan mi tez cansada
antes de que llegue el día.

51

Cuando el viento del norte
azota mis raíces internas,
aparece una suave luz
que alienta mis pasos inciertos
y sigo las huellas ya escritas
por otros nombres y otros verbos.

52

Navegando a la deriva
mis sueños andan, a veces,
buscando la orilla de un río
poblado de árboles silvestres.
Donde descansen mis huellas,
donde descanse mi mente.

53

La verdad más profunda
se esconde entre dos miradas que se añoran,
que se cruzan y se cuentan sus secretos más íntimos
tan solo con el iris de sus ojos.

54

Cuando el amor se rompe por un acto de infidelidad,
nada es igual después.
Queda una herida profunda y dolorosa
que nunca sana del todo,
y para la cual no existe antídoto, ni cura eficaz.

55

Hay tanta tristeza en algunas miradas
que traspasan los umbrales de la soledad interna
y de los hilos del universo que nos circundan.

56

Veo amor en tu sonrisa calmada,
en tus manos que reparten calor,
en tu voz sosegada y llena de dulzura,
en tu pelo rizado que juega con el viento,
en tus ojos llenos de luz.

57

Caminan los sueños unidos al mañana.
Despiertan en un hermoso día
cuando la calma de la eternidad despliega sobre ti
el misterio de todo lo vivido.

58

Y un día, cuando te miras en el espejo de la vida,
apenas reconoces tu sonrisa,
tus alas rotas se repliegan para refugiarse
de los vientos que azotan tu alma.

59

En calma, solo así te encuentras a ti misma,
solo así eres capaz de encontrar
la huella que dirige tus pasos
por el sendero intrincado que enmaraña nuestra vida
sin quererlo.

60

Despúes de muchas batallas,
siempre se vuelve al comienzo de todo:
de los anhelos perdidos, de las sonrisas interrumpidas,
de los besos olvidados, de las noches en calma,
de las miradas que traspasan el horizonte más lejano
y deseado.

61

Me buscarás en tus noches de insomnio,
noches largas y vacías, noches que nunca acaban.
Querrás abrazarme, sentir el calor de mi cuerpo a tu lado,
pero yo no estaré, mis pasos me llevaron a otro hogar,
otro universo, donde habitan las caricias más sinceras
y las palabras que tú nunca pronunciaste.

62

Qué simple puede ser la felicidad,
una sonrisa al empezar el día,
un abrazo sincero lleno de calor,
una mirada de complicidad,
un beso en la mejilla de la persona que amas,
la llamada de una amiga para desearte un hermoso día,
es todo lo que necesito para ser feliz.

63

Vuelvo a ser yo misma, sin mentiras,
sin lágrimas, sin artificios absurdos.
Hoy camino por un sendero
donde mis pasos se dirigen en línea recta
hacia el hogar que siempre he deseado,
un hogar donde la música es la que interpreta la naturaleza,
y el olor que perfuma el ambiente
es el de las flores silvestres.
Hoy la calma lo inunda todo,
y los rayos de sol entran por las ventanas
abiertas de par en par e inundan con su luz
todos los rincones de mi alma.

64

Para no morir en esta monotonía que me habita,
he viajado a otro universo paralelo.
He pintado mi casa de colores alegres
y he dibujado en mis pómulos un corazón de carmín
con el néctar de tus recuerdos.

65

Quiero vivir y ser feliz,
soltar el lastre que me acompaña,
pensar en mí, aunque sea tan solo por una vez,
despoblar mi mente de pensamientos banales,
contemplar todo lo hermoso que la vida me ofrece.

66

Hoy es el día,
ya no hay excusas para escribir tu historia,
para dirigir tus pasos por ese universo
de rosas que siempre deseaste,
para tomar las riendas de tus palabras y tus sueños
y buscar el lugar que siempre te ha pertenecido,
el que te sigue esperando escondido entre tus manos.

67

Anduve tanto tiempo buscando
mi felicidad en otros ojos,
tanto tiempo intentando entender
el sentido de las palabras
pronunciadas por otros labios,
tanto tiempo recibiendo abrazos sin calor,
tanto tiempo,
que ahora que he roto mis cadenas
apenas me reconozco
y me encuentro a mí misma.

68

Este verano, abrasador y místico,
me trae recuerdos de mi niñez:
de las noches de juegos,
del olor de la tierra mojada por las mañanas,
del perfume de la hierbabuena y la albahaca
de las macetas de mi vieja casa,
de la monótona canción del grillo
cerca de la ventana de mi alcoba,
de las estrellas brillantes que solía contemplar
todas las noches antes de irme a la cama.
Aquellos veranos que siguen impresos en mi memoria
como si el tiempo se hubiese detenido para siempre
junto a un reloj intemporal.

69

Poco a poco se van perdiendo entre las rocas
tus recuerdos.
Las olas me van llevando a otra orilla
cubierta de fina y sosegada arena.
Allí revolotean las gaviotas
y una suave brisa me impregna del aroma del agua,
aroma de vida y cantos de sirena aún por descubrir.

70

Un día dormiré sobre un campo
alfombrado de margaritas y amapolas
como cuando era niña,
que al salir de colegio, en primavera,
corría veloz hacia los prados.
Allí tomaré tu mano, miraremos al cielo azul
y dejaremos que toda la eternidad
escriba el final de nuestra historia.

71

Este amor que me socava
tiene la fuerza de un vendaval
que agita y desraíza todo contacto con la tierra firme.
El amor sincero y puro toca con sus alas el cielo,
lo eterno, lo desconocido, lo profano, y lo no vivido
y la vida, entonces se ve con otros cromatismos internos
que ya nunca se olvidan.

72

Hoy siento como la espuma oceánica
me acerca tus recuerdos
y acaricia con sus manos volátiles
la herida que aún permanece abierta
entre los bucles de mi memoria.
Hoy, igual que ayer, igual que mañana,
te sigo queriendo en todas las geografías de mi cuerpo.

73

No quiero que se acabe la luz de esos ojos
que han amado sin esperar nada a cambio,
ni la sonrisa viajera que recorre tus labios cuando te miro,
porque tú, amado mío,
formas parte del néctar que compone cada poro
de esta piel hendida por los años
que aún te sigue amando sin contar las horas del olvido.

74

Fue tu sonrisa,
aquella que dibujaste en tu rostro
aquella mañana de primavera,
aquella sonrisa, que iluminaba tu mirada
la que me enamoró,
la que cambió el rumbo de mi existencia,
la que compuso sobre las hojas de los árboles
una nueva melodía de violines
en mi tez anhelante de caricias.

75

Las batallas más duras y terribles
son con uno mismo,
a veces te atrapan en su negro manto de terciopelo
y no te dejan ver la luz que existe
más allá de la noche que parece no tener fin.

76

Después de tantos otoños vividos,
de tantos sueños que van tomando forma
de tantas primaveras de luz y rosas,
hoy me miro en las aguas del rio de mi vida
y por fin me reconozco a mí misma,
a pesar de todas las caligrafías que me han habitado.

77

Se desprenden las hojas sutilmente de los árboles,
sin ningún sentido de posesión.
Las hojas se mecen hasta besar la tierra,
y es en este vuelo etéreo y sutil
cuando alcanzan su felicidad más completa y soñada.
En la vida, a veces,
hay que desprenderse de las raíces
que nos atrapan hacia el interior
y dejarse mecer por el ritmo de los sueños,
es entonces cuando nuestras alas, ocultas por el miedo,
aletean en busca de la luz.

78

Tras el cristal de mis sueños
aparecen tímidas libélulas azules,
que todo lo transforman
cuando se acercan hasta mi oído
y me cantan su secreta melodía inacabada.

79

Otoño, suave susurro de caricias en mis mejillas.
Viento con sabor a tierra húmeda y especias orientales.
Atardeceres ocres y naranjas.
Secretos de la vida que se guardan para siempre.
Así eres tú, amado mío,
misterioso guardián de un tiempo
que quiere renacer de sus cenizas.

80

Hacia dónde vayan tus pasos seguiré tus huellas.
Seré la fiel guardiana de tus noches en vela,
de tus espacios en sombra, de tus días de niebla.

81

A veces, cuando me miras adivino tu pensamiento,
me transmites tus anhelos
que vuelan libres como el viento.
Traspasas mis emociones y me invitas
a que me esconda entre los surcos
que el tiempo ha labrado entre tus cabellos.

82

Nunca se debe jugar con las emociones,
son frágiles y hermosas como el cristal,
cambian el ritmo de tu vida,
te ponen en contacto con otra realidad.
Realidad que un día acunaste
para dar paso a la única verdad.

83

Cuando la vida rompe todos tus esquemas,
solo te queda seguir el camino de tus sueños
para sobrevivir entre los escombros del olvido.

84

Cuánto duele el amor cuando no es correspondido,
cuánta tristeza aparece en nuestras mejillas,
cuánto dolor recorre las venas sin una respuesta,
qué cicatriz tan profunda anida en nuestro interior
y aunque estemos toda la noche en vela
jamás encontraremos un dulce final.

85

Te veo cada noche
en los caminos del cielo.
Allí no hay obstáculos
ni miedos.
Solo un delicado aroma
a sándalo y a hierbabuena.

Índice

Esta edición quedó dispuesta para la tinta
en noviembre de 2024,